LEAHS LIEBESZAUBER

ausprobiert und für gut befunden von
Leah Levine

KLEINE KOSTBARKEITEN

Smaragd Verlag

1. Auflage 1999
© Smaragd Verlag, Neuwied
Titelbild: Tizian/XPresentation, Boppard
Satz: DTP-Service-Studio, Rheinbrohl
Druck: Kossuth Printing, Budapest
ISBN 3-926374-76-4
99 00 01 02 / 4 3 2 1

INHALT

Leah Levine, geboren 1961, beschäftigt sich seit 1979 intensiv mit den magischen Künsten und hat sich auf dem Gebiet der Magie, der Hexerei und des Tarot einen Namen gemacht. Betreibt in Hannover eine magische Praxis. Autorin einer Reihe von Titeln (siehe Werbung), in Vorbereitung: *Die magische Katze* (Smaragd Verlag, Frühjahr 2000).

„Leahs magische Praxis"
Voßstraße 56
30163 Hannover
Tel. 0511 / 445742
Handy 0172 /4151998
E-Mail: leah.levine@dacotec.de

Liebeszauber, der Zauber des Herzens

Seit Anbeginn des Menschheit hat sich der einzelne nach Zuneigung, Schutz und Liebe gesehnt.

Nun hat aber nicht jeder Mensch immer das Glück gehabt, zu bekommen, was er sich wünschte. In diesen Fällen griff man schon in grauer Vorzeit ein wenig in die magische Trickkiste und half mit etwas Zauberei nach.

Es gab schon immer Kräuter und Wurzeln, die bekannt dafür waren, die Liebe eines Menschen zu gewinnen. Man verabreichte sie, zu feinem Pulver gemahlen, dem Auserwählten im Essen oder bestrich seine Haut damit. Mit der Zeit gab es Wissende, die Spezialisten auf dem Weg der Magie waren. Sie wurden zum Ratgeber und halfen mit magischen Mitteln überall dort, wo der Mensch allein nicht weiterkam.

Der Liebeszauber wurde vorwiegend von Frauen ausgeübt. Das ist aus soziologischer Sicht auch verständlich, wenn man bedenkt, daß Frauen wenig Mitspracherecht bei der Partnerwahl hatten. Sie konnten nicht, wie heute üblich, selbst entscheiden, wem sie ihr Herz schenkten, sondern sie wurden verheiratet. Persönliche Gefühle und Liebe spielten eine untergeordnete Rolle.

So blieb ihnen nur die Magie, um wenigstens etwas Einfluß zu nehmen.

Uns sind heute Zaubermittel und Amulette erhalten, die sowohl in der Antike als auch in der Renaissance den Frauen gute Dienste leisteten. Sie wurden konkret für Liebeszauber, Verhütungs- und Abtreibungszauber verwendet. Die, die damit handelten, lebten in einigen Zeitepochen enorm gefährlich. Die Hexenverfolgung machte es sich unter anderem zum Ziel, eben diese Frauen zu vernichten, die ihren Leidensgenossinnen halfen, ihr Leben selbst zu bestimmen. Es galt als Teufelswerk, wenn eine Frau nur versuchte, mit Hilfe der Wahrsagerei einen Blick auf den zukünftigen Gatten zu werfen.

Einige der aufsehenerregenden Liebeszauber sind uns aus dem 17. und 18. Jahrhundert bekannt. Madame de Montespan, die sich mit Hilfe der Hexe La Voison die Gunst des Königs von Frankreich sichern wollte, ist nur eine der Mätressen dieser illustren Zeit, die zu diesen Mitteln griff. Hatte ein Liebeszauber keinen nennenswerten Erfolg, zögerte man auch nicht, einen Gifttrank mischen zu lassen, der den unbeugsamen „Geliebten" ins Jenseits beförderte.

Aber nicht nur Zauber für die Liebe, auch für das Jagdglück oder Zauber für den schwer Erkrankten waren das Metier der Hexen, Magier und Schamanen.

Bis heute sind sie uns, wenn auch in veränderter Form, erhalten geblieben und helfen dort, wo sie gebraucht werden.

In diesem Büchlein möchte ich nun ganz speziell auf den Liebeszauber eingehen. Er ist bei weitem der bevorzugteste Zauber, und zuweilen sind die kleinen Zauber für die Liebe auch die romantischsten Rituale.

Was kann man sich unter dem Begriff *Liebeszauber* vorstellen?
Er ist ein Zauber, der Gefühle und Emotionen beeinflussen soll.
Nun haben wir in unserer modernen Zeit ja viele Möglichkeiten, das Herz eines Menschen zu gewinnen und müssen eigentlich nicht auf magische Unterstützung setzen. Ich empfehle, erst einmal alle weltlichen Register der Verführung zu ziehen, bevor Sie sich der Zauberei zuwenden.
Ich gehe davon aus, daß dieses Buch in erster Linie Frauen lesen und bleibe in meinen Empfehlungen in der entsprechenden Geschlechterrolle. Ein Mann möge sich meine Vorschläge bitte entsprechend umwandeln.

Zunächst ist es ganz wichtig, die eigene Attraktivität hervorzuheben. Gepflegtes Äußeres, dem Typ entsprechende Kleidung und Anpassung an das Milieu des Auserwählten. Damit meine ich, daß Sie sich die Mühe machen sollten, herauszufinden, was ihn interessiert, und sich in das jeweilige Thema einarbeiten. Konversation ist bei Männern immer gefragt und sollte auch beherrscht werden.

Finden Sie heraus, wo der Mann ihrer Träume sich am liebsten aufhält und seien Sie "zufällig" auch da. Wenn Sie seine Aufmerksamkeit erlangt haben, seien Sie zurückhaltend. Lassen Sie ihm die Wahl des Zeitpunktes, wann sie sich wiedersehen. Männer wollen erobern, und selbst wenn wir als Frauen die Fäden in der Hand halten und an allen Ecken und Enden inszenieren, so darf der Mann das nicht merken. Er muß davon überzeugt sein, er gibt die Regeln vor und steuert das Geschehen.

All das oben Gesagte gilt natürlich auch, wenn Sie einen Zauber in Anspruch nehmen. Man darf sich Magie nicht folgendermaßen vorstellen:

„Man nehme verschiedene Ingredienzen, mache ein paar Rituale und beschwöre den Segen der Götter, und der Mann läuft wie ein Zombi direkt in Ihre Arme."

Zum einen wäre das nicht der Mann, wie Sie ihn wollen, und zum anderen wirkt kein Zauber ohne eigenes Erschaffen einer reellen Situation.

Keine Magie wäre imstande, den Mann „erblinden" zu lassen. Wenn Sie äußerlich einen grauenvollen Anblick bieten, sich nicht benehmen können, sollten Sie auch von einem Zauber nicht erwarten, daß er all dies unsichtbar macht. Erschaffen Sie also einen wirkungsvollen Kanal für Ihre Magie, dem der Mann dann gerne folgt.

Bevor Sie einen Zauber angehen, empfehle ich Ihnen, den Rat eines seriösen Kartenlegers einzuholen. Wenn Sie selbst im Umgang mit den Karten oder einem vergleichbaren Orakelsystem vertraut sind, um so besser, aber bedenken Sie, daß Sie möglicherweise befangen und somit nicht ganz objektiv sind.
Lassen Sie herausfinden, ob diese Beziehung eine Zukunft hat und ob Sie mit ihr glücklich werden. Erst dann sollten Sie weitere Schritte planen.

Wenn Sie sich dafür entscheiden, Magie einzusetzen, seien Sie sich bitte darüber im klaren, daß es nicht unbedingt reine Liebe ist, die Ihnen den Partner näherbringt. Magie wird zwar immer versuchen, vorhandene Gefühle zu verstärken und so eine Partnerschaft zu kreieren, aber sie sucht sich zur Not auch andere Wege. Ein Mann, der zum Beispiel gerade verlassen worden ist, ist ein leichtes magisches Opfer. Ob Sie allerdings viel Freude daran haben, immer den Hintergedanken, "bin ich nur zweite Wahl?" verdrängen zu müssen, sollten Sie sich vorher gut überlegen.

Ein anderer wichtiger Punkt ist die Fähigkeit, schweigen zu können. Erzählen Sie niemandem davon, daß Sie Magie anwenden.

Entweder demotivieren Ihre Freunde Sie, indem sie Ihnen erzählen, Magie könne nicht funktionieren, oder sie verraten Sie zu einem späteren Zeitpunkt, wenn Sie sich am Ziel Ihrer Wünsche glauben. Ein Mann, der erfährt, daß auf ihn Magie angewendet worden ist, wird sicher nicht begeistert sein.

Passen Sie also auf, daß niemand von Ihrem Tun etwas mitbekommt. Lassen Sie die Requisiten Ihrer Zauber nicht frei zugänglich herumstehen und erzählen Sie es auf keinen Fall Ihrer "besten" Freundin.

Die Fähigkeit, Magie zu wirken

Dieses Buch wird Ihnen einige Rezepte und Rituale an die Hand geben um einen Liebeszauber durchzuführen. Ich muß Sie aber warnen. Erwarten Sie nicht gleich zuviel davon.

Magie ist eine Kunst, die man lange erlernen muß. Das einfache Nachahmen von Ritualen kann, muß aber nicht von Erfolg gekrönt sein. Vielleicht bekommen Sie ja Lust, sich näher in die Materie zu vertiefen und sich magische Fähigkeiten ganz generell anzueignen. Magie ist für jeden erlernbar, aber das fordert Zeit, Disziplin und Durchhaltevermögen.

Verzweifeln Sie nicht, wenn Ihre Zauber nicht sofort Wirkung zeigen. Auch bei einer professionellen Hexe oder Magierin sind Zeitspannen von vier bis sechs Monaten absolut im Rahmen.

Verschiedene Formen von Liebeszauber

Als erstes müssen Sie klären, welche Form eines Liebeszaubers Sie anwenden möchten.

Der allgemeine Liebeszauber ist nicht auf eine bestimmte Person fixiert. Es handelt sich hier eher um einen Attraktivitätszauber, der es Ihnen ermöglicht, in kurzer Zeit viele unterschiedliche „Kanditaten" herbeizuzaubern. Dieser Zauber wirkt nur auf Sie und Ihre Ausstrahlung. Er hat einen hohen Wirkungsgrad, da sich die magischen Kräfte frei entfalten können und nicht, wie bei einem personenbezogenen Zauber, in einem recht engen Kanal verwirklichen müssen.

Generell ist ein allgemeiner Liebeszauber immer vorzuziehen, da durch ihn keine andere Person unfreiwillig manipuliert wird.

Bitte bedenken Sie immer, daß Sie sich durch das Ausführen von Magie Karma zuführen, das heißt, Sie werden für alles, was Sie tun, irgendwann im Leben zur Verantwortung gezogen. Sei es, daß Sie selbst Opfer von Manipulationen werden oder auf eine andere Art die ausgesendeten Energien zurückerhalten.

Ich sage das hier nicht, um Ihnen Angst zu machen, sondern um Ihr Bewußtsein für die Verantwortung, die Sie haben, zu schärfen.

Was brauchen Sie für einen Attraktivitätszauber?

Wenn Sie ein Ritual begehen, einen Zauber wirken oder sich der Magie ganz allgemein hingeben, bedenken Sie dabei bitte, daß Ihr Unterbewußtsein einen ganz wichtigen Part bei den Unternehmungen hat. Im Grunde kann man sagen, daß die Magie sich im Unterbewußtsein entwickelt und manifestiert. Da das Unterbewußtsein, anders als das rationale Bewußtsein, in Bildern "denkt" und ein recht kindliches Gemüt hat, sollten Sie ihm entsprechende Nahrung geben.

Erschaffen Sie also eine Art Märchenwelt, in der Sie Ihr Ritual ausführen.

Es ist am schönsten, wenn man seine Rituale im Freien zelebrieren kann, dann gibt es keine Platzprobleme und die Natur ist als Kulisse nicht zu ersetzen. Wenn Sie also die Möglichkeit haben, zum Beispiel durch einen geschützten Garten, machen Sie davon Gebrauch.

Sollten Sie aber die Ungestörtheit der heimischen Wohnung vorziehen, so ist auch das kein Problem.

Beginnen Sie damit, den Raum, in dem Sie arbeiten wollen, etwas herzurichten. Reinigen Sie ihn gründlich und stellen Sie die Möbel so um, daß Sie genug Bewegungsfreiheit haben.

Nehmen Sie einen kleinen Tisch, der Ihnen bei der eigentlichen Arbeit als Altar dient, und legen Sie ein grünes oder rotes Tuch auf.

Stellen Sie zwei grüne Kerzen rechts und links auf den Altar und eine Räucherschale in die Mitte. Für die Räucherung wählen Sie fertige Mischungen, die der Göttin Venus zugeordnet werden, oder Salbei mit Rosenblättern. Rosenblätter sollten Sie nach Möglichkeit auch auf dem Altar verstreuen.

Suchen Sie ein Foto von sich heraus, das Sie als gelungen bezeichnen, und legen es ebenfalls auf den Altar.

Alternativ können Sie einen dekorativen Stehspiegel auf den Altar stellen, der Ihr Gesicht einfängt, wenn Sie sich vor den Altar setzen oder knien.

Besorgen Sie sich etwas aus Kupfer, entweder ein Kupferarmband oder eine kleine Kupferplatte, die im Ritual die Energie aufnehmen soll und dann, ähnlich wie ein Talisman, ständig mit Ihrem Körper in Berührung sein sollte.

Wenn Ihre Vorbereitungen so weit fortgeschritten sind, brauchen Sie eine Anrufungsformel für die Göttin, in diesem Fall für Venus, und einen Zauberspruch. Am besten ist es, wenn Sie sich die Mühe machen, diese Texte selbst zu schreiben.

<u>Die Venusanrufung</u> könnte beispielsweise so ausse-
hen:

„Venus, voller Pracht und Schönheit,
sei gerufen nun von mir. Hör mein Flehen und mein
Rufen, folge meinen Worten hier.
Ich erbitte Deinen Segen, wünsche, daß mein Ich
erblüht. Bring heraus mein bestes Antlitz.
Meine Sanftmut und mein Liebreiz seien fortan im-
mer da. Venus, Göttin aller Schönheit, die des Man-
nes Herz erweicht, laß den Teil von Dir in meine See-
le fließen und mach mich jetzt dadurch reich."

<u>Der Zauberspruch:</u>

Schönheit; Liebreiz ohne Ende
leg die Macht in meine Hände,
erfüll mein Herz mit Freud und Glanz
erheb mein Ich zum Paarungstanz.

Zaubersprüche erfordern keine dichterischen Glanz-
leistungen, sie sollen kurz und einprägsam sein, damit man sie im Ritual schnell und fehlerfrei wieder-
holt aufsagen kann.

Ein Ritual sollten Sie öfter als einmal ausführen. Sie können sich jetzt entscheiden, ob Sie an sieben aufeinanderfolgenden Freitagen oder in einer Woche von Freitag bis Freitag arbeiten wollen.

Wenn Sie das geklärt haben und es ist Freitag, dann beginnen Sie mit Ihrem Zauber.

Reinigen Sie nach den Vorbereitungen des Raumes sich selbst. Ein Wannenbad in herrlichen Düften ist eine ideale Einstimmung. Schalten Sie eine romantische Musik ein und das Telefon und die Türklingel ab.

Betreten Sie den Raum und verneigen Sie sich vor dem Altar. Um einen Kreis für Ihre Arbeit zu erschaffen, wenden Sie sich jetzt in alle Himmelsrichtungen und verneigen sich vor den Elementen des Feuers (Süden), des Wassers (Westen), der Luft (Osten) und der Erde (Norden).

Setzen Sie sich vor den Altar und lassen Sie Ihre Alltagsgedanken zur Ruhe kommen. Wenn Sie darin Übung haben, meditieren Sie über Ihr Vorhaben.

Entzünden Sie nun die Kerzen und die Räucherung. Als nächstes rufen Sie Venus, die Göttin, an. Bitten Sie sie in Ihren eigenen Worten um Unterstützung.

Lassen Sie Ihrer Phantasie freien Lauf. Alles ist erlaubt, wenn es dem Zauber dient und in einem Zusammenhang zu ihm steht.

Wenn Sie das Gefühl haben, daß die Atmosphäre des Raumes sich verändert, daß die Göttin Sie erhört hat, nehmen Sie Ihr Kupferteil in die Hand, sehen auf Ihr Spiegelbild oder Foto und beginnen den Zauberspruch wieder und wieder, immer schneller werdend zu sprechen. Stellen Sie sich die Energie vor, die durch Ihre Hände in das Kupfer fließt.

Kommen Sie langsam wieder zur Ruhe. Achten Sie auf Ihre Atmung und betrachten Sie die Bilder, die vor Ihrem inneren Auge ablaufen.

Jetzt bedanken Sie sich bei der Göttin. Verneigen Sie sich wieder in alle Himmelsrichtungen, um auch hier Dank zu sagen, und verlöschen Sie dann die Kerzen.

Jetzt sollten Sie das Ritual noch nachbereiten. Schreiben Sie Ihre Empfindungen und Eindrücke in Ihr eigens dafür vorgesehenes Tagebuch.

Räumen Sie die Ritualgegenstände weg und nehmen Sie das Kupfer an sich. Tragen Sie es unbedingt täglich und legen Sie es nachts unter Ihr Kopfkissen.

Dieses Ritual wiederholen Sie sieben Mal. Seien Sie gespannt, wie sich Ihre Alltagswelt fortan verändert.

Der personenbezogene Liebeszauber

Viel öfter, aber auch moralisch bedenklicher, besteht der Wunsch, einen Zauber auf eine ganz bestimmte Person anzuwenden.

Damit meine ich nicht, daß Sie sich nun einfach einen Partner aus dem „Katalog" oder dem Fernsehen aussuchen und dann damit beginnen können, ihn zu verzaubern.

Häufig kann oder will man einen verlorenen Partner nicht loslassen. Man möchte sich und der Beziehung noch einmal eine Chance geben.

Hier greift jetzt die Magie.

Sie brauchen ein Foto der Person oder formen aus Lehm, Wachs oder Knete eine Puppe, die der Person ähnlich sieht. In die Puppe können Sie all das verarbeiten, was Sie von Ihrem Partner noch besitzen. Haare, Fingernägel oder ähnliches. Gestalten Sie die Puppe so gründlich wie möglich. Sie dient als Symbol für den Menschen, den sie darstellt, und alles was Sie mit diesem Menschen geschehen lassen möchten, werden Sie mit der Puppe machen. Also achten Sie bitte auch darauf, daß sie Ihnen nicht runterfällt oder ein Arm oder Bein abbricht.

Nachdem Sie die Puppe hergestellt haben, legen Sie sie in ein geschmücktes Kästchen und bewahren Sie sie darin auf, bis Sie Ihr Liebesritual zelebrieren.

Auch bei diesem Zauber gilt das oben Gesagte.
Die Rituale werden entweder von Freitag bis Freitag oder an sieben aufeinanderfolgenden Freitagen durchgeführt.
Anders als beim allgemeinen Liebeszauber ist natürlich die klar umrissene Zielsetzung. Sie müssen jetzt die Göttin bitten, Ihnen eine bestimmte Person zuzuführen und dies dementsprechend in den Ritualtext einfließen lassen.

Wenn Sie mit der Puppe arbeiten, gehen Sie mit ihr durch den Kreis und stellen Sie sie den Hütern der Himmelsrichtungen vor. Bitten Sie auch diese zur Hilfe, denn bei diesem Anliegen können Sie nicht genug Unterstützung bekommen.

Legen Sie die Puppe im Hauptteil des Rituals auf den Altar. Um dem Zauber noch eine zusätzliche Verstärkung zu geben, ist es ratsam, auch eine Puppe für die eigene Person zu erstellen. Dann ist es möglich, während des Rituals die beiden Puppen physisch zusammenzubinden. Eine zuvor bereit gelegte rote Schnur wird während der Willensbeschwörung, wenn Sie die Göttin um Ihre Kraft bitten, langsam um die Puppen geschlungen. Visualisieren Sie, wie Sie die Person damit an sich binden. Verknoten Sie das Band abschließend mit drei Knoten.

Nach dem Ritual legen Sie die Puppe(n) wieder in ihr Kästchen.
Wenn Sie einen abgeschlossenen Raum für Ihre magische Arbeit haben, den außer Ihnen wirklich niemand betritt, können Sie die Puppe auch auf dem Altar liegen lassen und jedesmal, wenn Sie daran vorbeigehen, eine kleine Bitte an die Göttin richten.

Arbeiten Sie mit einem Foto, dann verwenden Sie es ähnlich wie die Puppe.
Statt des Knotenzaubers können Sie eine Schnur bei der Beschwörung knoten, die Sie anschließend auf das Bild legen.
Sie können aber auch auf der Rückseite des Fotos eine Sigille (Symbol, das den Charakter des Willens darstellt) aufmalen oder das Bild mit einem Liebesöl bestreichen. Bitte nur die Rückseite, sonst ist das Bild hin.

Kerzenzauber für die Liebe

Alternativ zu Puppe und Foto können Sie einen Bindungszauber auch mit Kerzen machen.

Nehmen Sie eine rote Kerze für den Mann und eine grüne Kerze für die Frau.
Ritzen Sie mit einer Nadel die Namen der Personen ein, die verzaubert werden sollen. Ein paar Symbole der Liebe, zum Beispiel ein Herz, zwei ineinander verdrehte Schlangen oder ein Ring lassen sich auch problemlos in die Kerzen einarbeiten.
Jetzt nehmen Sie ein wirksames Liebesöl, zum Beispiel „Come to me", (gibt es in gut sortierten magischen Läden) und bestreichen die Kerzen von der Mitte aus, erst nach oben, dann nach unten.
Die so vorbereiteten Kerzen werden jetzt links und rechts auf den Altar gestellt und im Ritual gemeinsam angezündet.
Nicht vorher! Es müssen also noch separate Altarkerzen brennen.
Das Ritual kann dann, wie zuvor beschrieben, ablaufen.
Zu Beginn des zweiten Rituals stellen Sie die Kerzen etwas näher zusammen, so als symbolisieren Sie damit die langsame Annäherung.

Bei jedem weiteren Ritual rücken die Kerzen näher aufeinander zu, um beim letzten Ritual ganz eng aneinanderzustehen, so, als hätten sie eine Flamme. Bei diesem Ritual lassen Sie die Kerzen ganz ausbrennen. Sollte ein wenig Wachs aus den Kerzenhaltern übrig bleiben, formen Sie sich daraus einen Liebestalisman, den Sie bis zum Erfolg des Unternehmens bei sich tragen.

Eine andere wirkungsvolle Technik des Kerzenzaubers ist es, wenn Sie die Kerzen vor dem ersten Ritual in warmem Wasser etwas erweichen, so daß sie sich biegen lassen.
Nehmen Sie dann die beiden Kerzen und lassen Sie sich umschlingen, wie zwei Schlangen. In diesem Zustand legen Sie sie auf den Altar und lassen sie wieder erkalten.
Wenn Sie das Ritual durchführen, werden die beiden Kerzen gemeinsam entzündet und brennen auch zusammen ab. Der sich hierbei verschmelzende Wachs symbolisiert die Verschmelzung mit Ihrem Wunschpartner.
Wenn Sie erfahren wollen, ob Sie im nächsten Jahr den Partner Ihres Herzens finden, können Sie auf ein altes Zauberritual zurückgreifen.

Dazu besorgen Sie sich einen schmalen goldenen Ring und gehen um Mitternacht des 24. Dezembers an eine Wegkreuzung in einem nahegelegenen Wald.

Hier beschwören Sie die große Göttin und bringen Ihr ein Opfer in Form von Wein da (tränken Sie den Boden damit). Formulieren Sie Ihre Bitte und werfen Sie dann den Ring über die linke Schulter. Drehen Sie sich nicht um. Gehen Sie schweigend nach Haus. Essen Sie nichts mehr und legen sich schlafen. Wenn Sie in der Nacht von einem Mann träumen, werden Sie ihn im kommenden Jahr treffen.

Eine andere Methode erfordert, daß Sie Rosenköpfe oder Schwimmkerzen ins Wasser legen und beobachten, ob sie aufeinander zu- oder voneinander wegschwimmen. Auch dies sollten Sie in der Nacht zum 1. November oder in den Rauhnächten (zwischen Weihnachten und Neujahr) tun. Diese Nächte sind dafür bekannt, daß es den Wesen der Anderswelt sehr leicht fällt, mit der diesseitigen Welt in Kontakt zu treten. Man kann sich das so vorstellen, daß die Tore zwischen den Welten in dieser Zeit nicht geschlossen sind und somit ein wechselseitiges Kommunizieren erleichtert wird. Es ist aber auch die Zeit, die es den Dämonen erlaubt, uns nah zu sein. Seien

Sie also wachsam und schützen Sie sich mit einem magischen Kreis.

Lassen Sie Ihre Phantasie ein bißchen arbeiten, wenn es um Zauber geht.
Lassen Sie Wachs schmelzen, um das Herz des Liebsten zu erweichen; verbrennen Sie Pflanzen, damit seine Liebe entbrennt; pflanzen Sie junge Bohnen, damit seine Liebe schnell wächst, usw.

Sie können natürlich auch auf ein Rezept zurückgreifen, das empfiehlt, dem Liebsten ein Mahl zu bereiten, dem etwas des eigenen Körpers beigemischt ist.

Schutz durch ein Bannungsritual

Die bekannteste Form des magischen Schutzkreises ist das sogenannte **„Kleine bannende Pentagrammritual".**
Für Ihre Zwecke reicht eine leicht veränderte Version.

Stellen Sie sich in Richtung OSTEN auf und ziehen Sie mit dem ausgestreckten Finger ein aufrechtes Pentagramm.

Versuchen Sie, das Pentagramm vor Ihrem inneren Auge zu sehen, zum Beispiel aus Silberlinien.

Nun begrüßen Sie mit Ihren Worten den Geist des Ostens oder der Luft.

Drehen Sie sich, mit ausgestrecktem Finger, im Uhrzeigersinn Richtung Süden.
Hier ziehen Sie erneut ein Pentagramm. Stellen Sie es sich in roten Farben vor.

Begrüßen Sie den Geist des Südens oder des Feuers.

Erweitern Sie die Drehung, wie oben, Richtung Westen.
Dieses Pentagramm kann blau erstrahlen. Grüßen Sie den Geist des Westens oder des Wassers.
Die letzte Drehung führt Sie in den Norden.
Dies Pentagramm erscheint braun oder oliv.
Auch diesen Geist des Nordens oder der Erde sollten Sie grüßen.
Vervollständigen Sie den Kreis Richtung Osten.

Nun haben Sie einen leichten Schutzkreis, in dem Sie relativ sicher vor negativen Energien sind.

In diesem Kreis führen Sie Ihr Ritual aus und lösen anschließend den Kreis gegen den Uhrzeigersinn wieder auf.
Von Osten bewegen Sie sich mit ausgestrecktem Finger Richtung Norden.

Stellen Sie sich vor, wie Sie das Pentagramm wieder in sich einsaugen. Bedanken Sie sich bei dem Geist der Erde.
Lösen Sie alle Pentagramme auf diese Art . Dann erst verlöschen Sie die Kerzen.

Harmoniezauber für die Partnerschaft

Sie haben den Partner Ihrer Träume gefunden und erfolgreich an sich gebunden. Jetzt geht es darum, in dieser Partnerschaft Harmonie und Liebe zu erhalten. Auch hier können Sie mit Hilfe der Magie unterstützend einwirken.
Die einfachste Variante ist eine Harmoniekerze, die Sie immer wieder erneuern können.

Nehmen Sie eine rote oder grüne Kerze und ritzen Sie Symbole der Liebe hinein. Ein Herz, zwei miteinander verschlungen Ringe, eine Taube oder was Ihnen gerade einfällt und gefällt. Eine verschlüsselte Version Ihrer beiden Namen ist auch von Vorteil. Verschlüsselt deswegen, damit der Partner nicht mißtrauisch wird, wenn die Kerze auf dem Wohnzimmertisch brennt.
Bestreichen Sie die Kerze mit einem wohlriechenden Öl (zum Beispiel „Love", oder „Sandelholz").
Zünden Sie die Kerze immer dann an, wenn es Streit gibt oder Spannungen in der Luft liegen. Konzentrieren Sie sich beim Anzünden auf das Ziel, die Harmonie wieder herbeizuführen. Lassen Sie die Kerze wenigstens eine halbe Stunde brennen und verlöschen Sie sie dann.

Ich empfehle, Kerzen niemals auszupusten. Benutzen Sie einen Kerzenlöscher oder drücken Sie die Kerze mit Daumen und Zeigefinger aus.

Wollen Sie die Sexualität in Ihrer Beziehung steigern, können Sie auch dies mit einer Kerze fördern. Gehen Sie, wie oben beschrieben vor, verwenden Sie aber anregende Öle (zum Beispiel „Bergamotte", „Astarte" oder „Love Me").

Alle Kerzenzauber können Sie natürlich auch in ein Ritual einbinden und dabei den Segen der Göttin erbitten.

Zauber gegen das Fremdgehen

Damit der Partner Ihnen gegenüber immer ehrlich ist, sollten Sie einen kleinen Treuezauber wirken.

Nehmen Sie dazu eine Puppe, die den Partner darstellt. (Vielleicht haben Sie ja noch die Puppe vom ersten Zauber.)
Besorgen Sie sich ein verspiegeltes Kästchen.
Sie können es sich notfalls auch ganz leicht selbst herstellen, indem Sie die Seiten und die Decke eines Kästchens mit kleinen Spiegeln bekleben. Spiegel sind billig in Drogeriemärkten zu erstehen. Es lohnt sich aber auch, die kleinen Spiegel zu sammeln, die in die Deckel der Puder- und Make-up-Dosen eingearbeitet sind.
Kleben Sie ein Bild von sich an die Decke der Kiste und legen Sie die Puppe mit Blickrichtung auf Ihr Foto hinein. Sie können die Puppe im Ritual zusätzlich mit einem Faden umwickeln, um sie symbolisch an sich zu „binden".
So wie die Puppe nun nichts anderes sieht als sich selbst oder Sie, so wird auch der Partner von außen nicht „abgelenkt".

Wenn Sie wissen, daß Ihr Partner Sie betrügt, nutzen Sie die Zeit seiner Abwesenheit, um ein Spruchzauberritual durchzuführen.

Beginnen Sie das Ritual wie oben beschrieben. Im Hauptteil rattern Sie einen vorbereiteten Zauberspruch wieder und wieder herunter. Nehmen Sie dabei einen Stift und ein Blatt Papier zur Hand und lassen Sie Ihrer Hand freien Lauf, Linien oder Kreise zu ziehen. Achten Sie nicht darauf, daß die Zeichnung irgend etwas darstellt. Wichtig ist die Energie, die durch Ihre Finger fließt. Diese Zeichnung legen Sie Ihrem Partner so unter das Kopfkissen, daß er sie nicht findet (unter die Matratze).
Wenn Sie den richtigen Energiepegel erreicht haben, wird er sein Verhältnis schneller aufgeben, als Sie es erwarten.

Ein Spruchzauber sollte einprägsam und kurz sein. Bringen Sie Ihre Zielsetzung auf den Punkt.

ZUM BEISPIEL

„Willst du andere begehren, wird der Schaft sich nicht erheben."

„Fühlst du wachsen, deine Gier- komm und hol es dir von mir."

„Deine Liebe ist die meine - gönne andere dir keine."

Auch hier gilt, lassen Sie Ihrer Phantasie freien Lauf. Manchmal entwickelt sich ein Spruchzauber ganz von allein, während Sie das Ritual vorbereiten. Eine Eigenkreation ist übernommenen Texten immer vorzuziehen. Machen Sie dem Partner keine Vorwürfe für sein Verhalten. Arbeiten Sie lieber mit Magie gegen eine Wiederholung. Vorwürfe und das daraus resultierende Schuldbewußtsein haben noch keine Beziehung harmonisiert.
Betrogen zu werden ist immer schmerzhaft, aber wegen eines einmaligen Seitensprungs eine sonst gute Beziehung aufzugeben, ist nicht immer der richtige Weg. Wenn es eine Möglichkeit gibt, dem Partner in absehbarer Zeit wieder Vertrauen schenken zu können, so sollten Sie Ihrer Liebe eine Chance geben.

Hinterfragen Sie auch sich selbst, ob es Gründe für den Seitensprung in <u>Ihrem</u> Verhalten gab. Ich will damit niemanden verteidigen, aber ich möchte auch Ihren Blick schärfen für Ursache und Wirkung.
Sollten Sie aber nicht verzeihen können, so bietet Ihnen die Magie auch Wege, wie Sie den Partner wieder los werden können.

Trennungszauber

Was der Mensch zusammenbringt, das kann er natürlich auch wieder trennen.

Ich habe anfangs schon erwähnt, daß man sich einen Liebeszauber sehr genau überlegen soll, bevor man ihn praktiziert. Einen solchen Zauber wieder aufzulösen bedarf des gleichen Energieaufwandes wie die ursprüngliche Bindung. Ich gehe jetzt mal davon aus, Sie haben sich nicht leichtsinnig mit Magie an jemanden gebunden, der Ihnen nun doch nicht gefällt, sondern Sie haben mit Menschen zu tun, deren Anwesenheit in Ihrer näheren Umgebung Ihnen Kopfschmerzen bereitet.

Sie haben wieder die Möglichkeit, mit einer Puppe zu arbeiten. Dies ist intensiver, kann aber auch etwas länger dauern.

Bereiten Sie die Puppe ebenso gründlich vor wie beim Bindungszauber. Sie sollte entweder durch ihr Aussehen oder durch ihre Zutaten unbedingt mit der Zielperson zu identifizieren sein.

Beginnen Sie das Ritual in der bekannten Form, vergessen Sie den Schutzkreis nicht.

Sie können die Göttin bitten, mit einer entsprechenden Anrufung, Ihnen bei Ihrem Unternehmen zu helfen. Leichter könnte es in diesem Fall aber sein, den gehörnten Gott (den Gott der Heiden und Hexen, nicht den christlichen Satan), um Hilfe zu bitten. Ich selbst bevorzuge es, die Göttin in Bindungsangelegenheiten und den Gott bei Trennungsabsichten zu bemühen. Ich habe damit sehr gute Erfahrung gemacht.

Schreiben Sie sich eine Anrufung und formulieren Sie Ihr Anliegen.

Im Hauptteil des Rituals wickeln Sie die Puppe fest in eine reißfeste Schnur. Sie soll so handlungsunfähig gemacht werden. Beschließen Sie mit einem ausgesprochenen Willenssatz, wie Sie mit der Puppe weiter vorgehen wollen. Sie können Sie ins fließende Wasser werfen, damit sie aus Ihrem Leben davon getrieben wird, Sie können sie aber auch vergraben. Mit jedem Tag, den die Puppe im Erdreich vermodert und sich Stück für Stück auflöst, wird die Person an Einfluß und Anwesenheit verlieren.

Einfacher ist es, im Trennungsfall mit Kerzen zu arbeiten.

Gestalten Sie für die Zielperson und für sich je eine Kerze. Stellen Sie sie nah beieinander im Ritual auf den Altar. Bei jeder Ihrer folgenden Zeremonien rücken Sie sie etwas weiter auseinander, bis die Kerzen sich nicht mehr gegenseitig beleuchten.

Unterstützend können Sie auch einen Spiegel zwischen die Kerzen stellen. So wird das Licht jeder Kerze nur noch auf sich selbst reflektiert. Sie löschen am Ende immer die Kerze der Zielperson zuerst. Verwechseln Sie das nie!!!!

Wenn Sie es ganz eilig haben und entsprechende Ungenauigkeiten nicht scheuen, können Sie auch mit nur einer Kerze arbeiten.
Der Name der Zielperson wird in die Kerze eingeritzt, die Kerze mit einem Öl bestrichen, das Ihnen unangenehm ist, und in einem kleinem Ritual wird die Kerze dann ihrer Bestimmung geweiht.
In den nächsten Tagen können Sie die Kerze dann entzünden und sich darauf konzentrieren, daß mit dem Schmelzen des Wachses sich die Person ebenso aus Ihrer Umgebung auflöst.

Sollte Ihnen, aus welchen Gründen auch immer, die Trennung schwerfallen oder Sie müssen einfach nur mit Liebeskummer fertig werden, dann empfehle ich Ihnen, eine „Aufbaukerze" herzustellen.
Hierzu nehmen Sie eine rote Kerze, ritzen Ihren eigenen Namen hinein und bestreichen sie mit „High-Conquering" Öl.

Weihen Sie die Kerze in einem Ritual, auf daß Sie Ihnen Kraft und Lebensmut gebe, wann immer Sie sie entzünden. Leid und Kummer mögen mit dem Wachs verbrennen.

Wenn es gerade Winter ist, können Sie einen Trennungszauber auch mit Vogelfutter durchführen.
Streuen Sie das Futter so aus, daß der Name der Zielperson aus den Körnern gebildet wird.
Beobachten Sie, wie die Vögel die „Person" täglich kleiner werden lassen und wie sie am Ende ganz verschwunden ist.

Alte Hausschatzrezepte für die Liebe
(bitte mit Vorsicht verwenden)

<u>Um unendliche Liebe zwischen Mann und Frau zu erschaffen:</u>

Am Tag der Hochzeit nimm nach Sonnenuntergang zwei Turteltauben, ein Weibchen und ein Männchen. Halte sie einige Zeit in einem Käfig und warte, bis jede eine Feder verloren hat. Nimm die beiden Federn und tauche sie in Tinte. Schreibe damit folgende Zeilen auf Wachs oder Papier:

„Dein Gott ist mein Gott, dein Volk ist mein Volk, wo du hingehst, da will auch ich hingehen, wo du bleibst, da will auch ich bleiben, und wo du stirbst, da will auch ich sterben und mit dir begraben werden. Gott bezeuge dies, nur der Tod scheidet dich und mich."

Halte das Wachs oder das Papier über eine Räucherschale und lege es dann in die Mitte unter das Bett. Schreibe die gleichen Worte mit Honig in eine Glasschale und schütte Wein darüber. Die eine Hälfte trinkst du, die andere gib dem geliebten Menschen zu trinken. So wirst du zeitlebens eine friedliche Ehe führen.

Daß der Mann seine Frau liebe:

Gehe vor Sonnenaufgang in den Garten und suche einen Apfelbaum. Lege in eine Räucherschale sieben Kohlenstücke. Stelle sie unter den Baum, der Blüten oder Früchte tragen sollte. Streu eine angenehme Räucherung auf die Kohle. Während die Räucherung brennt, wasche dir Gesicht und Hände mit frischem (Quell-)Wasser. Nimm ein Stück Wachs und ritze folgenden Text hinein:

„Wie der Apfelbaum unter den wilden Bäumen ist, so sei mein Freund unter den Männern."

Werfe das Wachs in die Räucherschale und beobachte, welcher Apfel oder welche Blüte am meisten Rauch abbekommt. Diesen nimmst du und bringst ihn dem Geliebten zum Geschenk, auf daß er daran rieche.

Ein Mann kann dieselbe Zeremonie vornehmen, nur daß er die Räucherschale unter einen Rosenstock stellt. Die Worte, die er verwendet, sind folgende:

„So wie die Rosen unter den Dornen, so sei meine Freundin unter den Frauen."

Um Liebe zu erringen

Nimm einen goldenen Ring mit einem kleinen Diamanten, den noch kein Mensch am Finger getragen hat. Umwickle ihn mit kleinen Seidenstoffstückchen und trage ihn neun Tage und neun Nächte auf dem Herzen direkt auf der Haut.
Am neunten Tag stich vor Sonnenaufgang mit einem neuen Grabstichel an die innere Seite des Ringes den Namen „Schewa". Besorge dir drei Haare des Geliebten, verflechte sie mit drei eigenen Haaren und sprich dazu:

„Oh, Körper mögest du mich lieben, möge sich deine Liebe zu mir so rein entfachen, wie die meinige zu dir, ich beschwöre dich bei der Macht des großen Schewa."

Nun knüpfe die Haare so um den Ring, daß er ganz davon umschlungen ist. Wickle den Ring in ein neues Stück Seide und trage ihn wieder sechs Tage auf dem Herzen. Am siebten Tag befreie den Ring von den Haaren und sorge dafür, daß der Geliebte den Ring als Geschenk annimmt. Er sollte ihn am besten bei Sonnenaufgang, spätestens zur elften Tagstunde aufsetzen.

Für die Liebe

Pflücke am Abend vor dem St. Johannistag, genau zu Sonnenuntergang dreizehn Stengel vom Kraut *„Esula campanula"*.
Du solltest an diesem Tag nichts gegessen haben.
Trockne die Stengel nicht am Feuer und nicht in der Sonne, sondern im Schatten und nachts im Mondschein. Sobald sie trocken sind, zerstoße sie in einem Mörser zu feinem Pulver und vermenge sie mit feingestoßenem grauen Ambra. Trage dieses Pulver dreizehn Tage und Nächte auf deinem Herzen, dann versuche es unter die Speise oder ein Getränk zu mischen, die/das die geliebte Person zu sich nimmt.

Der Liebesapfel

Gehe bei Sonnenaufgang an einem Freitag in den Garten und pflücke einen rotwangigen Apfel, den größten und schönsten, den du finden kannst.
Nimm ein Stück Papier und schreibe den Namen des Liebsten mit eigenem Blut darauf. Besorge dir drei Haare deines Auserwählten und verflechte sie mit drei eigenen Haaren zu einem Faden.
Auf ein zweites Zettelchen schreibst du den Namen „Schewa", auch mit deinem Blut. Nun verknotest du

die beiden Zettel mit dem Haarfaden, so daß an jedem Ende ein Zettel hängt.

Spalte jetzt den Apfel in zwei gleich große Hälften und entkerne ihn. Da, wo vorher die Kerne waren, legst du die Zettel ab. Jetzt vereinigst du die beiden Apfelhälften wieder mit Hilfe zweier gespitzter grüner Myrthenstöcke, die du im Ofen schmorst, bis sie trocken und hart werden.

Wickle den Apfel in Lorbeerblätter und Myrthen ein und plaziere ihn möglichst unauffällig unter dem Bett des Geliebten.

Diese Beispiele mögen genügen, zeigen sie doch, daß es viele Möglichkeiten gibt, mit natürlichen Mitteln Zuneigung zu erzeugen.

Es bleibt Ihnen überlassen, selbst ein bißchen zu experimentieren.

Ausrüstung für magische Rituale

Wenn Sie sich einige Zeit mit Ritualen und Magie befaßt haben, werden Sie merken, daß sich eine ganze Menge an Zubehör ansammelt. Kerzen, Duftstoffe, Räucherungen und vielleicht Edelsteine.
Natürlich ist es am besten, wenn Sie Ihre eigenen Ideen umsetzen und die Rituale den eigenen Vorlieben entsprechend ausstatten. Die folgende Liste soll Ihnen aber am Anfang etwas helfen, der Vielfalt eine Richtung zu geben.

Sternzeichen:

Widder:	♈
Stier:	♉
Zwilling:	♊
Krebs:	♋
Löwe:	♌
Jungfrau:	♍
Waage:	♎
Skorpion:	♏
Schütze:	♐
Steinbock:	♑
Wassermann:	♒
Fische:	♓

Planetenzeichen

Sonne: Gesundheit, Glück
Mond: Intuition, Hellsicht, Gefühl
Erde: Stabilität, Treue
Venus: Liebe, Leidenschaft
Mars: Durchsetzung, Sexualität
Saturn: Konzentration, Stärke
Jupiter: Glück, Erfolg, Reichtum
Uranus: Überraschung, Spontaneität
Neptun: Träume, Gefühl, Illusion
Pluto: Auflösung, Neuanfang

Edelsteine

Amethyst: Ruhe, Heilung, Schutz, Macht
Granat: Durchsetzung, Liebe, Fiebersenkung
Aventurin: Kreativität, Heiterkeit, Geduld
Rosenquarz: Eigenliebe, Mitgefühl
Zitrin: Heiterkeit,
Mondstein: Liebe, Verständnis, Hingabe
Malachit: Eigenverantwortung, Klarheit;
                hilft bei Ängsten und Eifersucht

Räucherungen

Venusräucherung:	fruchtige, süße Düfte. Myrthe, Rose, Sandelholz, Veilchen, Thymian, Koriander.

Marsräucherung:	herbe, krautige Düfte. Pfeffer, rotes Sandelholz, Zypresse, bittere Aloe, Zwiebel, Kümmel.

Sonnenräucherung:	frische, zitrusartige Düfte. Orange, Zeder, Safran, Moschus, Myrrhe, Weihrauch.

Mondräucherung:	Wermut, Kampfer, weißes Sandelholz, Rosmarin.

Öle:

„Astarte":	ein Öl, welches das sexuelle Verlangen anregt.
„Isis":	Liebesöl, das bevorzugt von Frauen angewendet wird.
„Come to me":	findet Anwendung bei Liebeszauber.
„Fire of Love":	Lustöl für Frauen und Männer.
„Haitian Lover":	Liebesöl für Männer.

Materialien für Liebesamulette

Venus: Kupfer
Mars: Eisen
Mond: Silber
Sonne: Gold

Kerzen

Venus: grün
Mars: rot
Mond: weiß, silbern
Sonne: gelb

Zauber der Eigenliebe

Wer sich nicht selbst liebt, kann auch keinen anderen lieben, sagt ein altes, aber sehr gültiges Gesetz.

Bevor man wirklich erfolgreiche Liebeszauber praktiziert, sollte man in sich kehren und schauen, ob und wie es mit der Eigenliebe aussieht. Ein Mensch, der sich selbst nicht leiden kann, der sich als häßlich empfindet, der, wenn es darauf ankäme, keinen Tag mit sich aushalten würde, der wird dies auch ausstrahlen. Ein kritischer Blick in den Spiegel ist erlaubt und sinnvoll, um alles aus sich herauszuholen, aber eine „krankhafte" Skepsis sich selbst gegenüber ist der Liebe sehr abträglich.

In jedem Menschen stecken sowohl männliche wie weibliche Eigenschaften. Eine unserer Aufgaben im Leben ist es, diese beiden unterschiedlichen Seiten harmonisch zusammenzubringen. Viele Menschen machen sich diese Mühe nicht, sie projizieren ihre gegengeschlechtliche Seite in einen anderen Menschen. Damit machen sie sich natürlich extrem abhängig. Sie können nicht ohne Partner leben, fühlen sich ohne ihn nicht ganz, nicht vollkommen. Und sie haben recht damit. Sie sind nicht „ganz".

Aber wer abhängig ist, muß Kompromisse machen. Statt den wirklich liebenswerten, das Leben bereichernden Partner zu finden, wird nur nach dem fehlenden Teil des Selbst gesucht. Alle anderen Attribute verblassen.

Wer sich dagegen selbst genug ist, wer die beiden Seiten seiner Persönlichkeit perfekt verbindet, der kann bei der Partnersuche sein Augenmerk auf bereichernde Qualitäten lenken. Die gesamte Person des Partners schenkt dem eigenen Leben neue Impulse und Inhalte. Der Partner selbst hat in diesem Fall auch eine andere Lebensqualität, da er nicht einen Mangel ausfüllen muß, sondern als Ganzes dem neuen Lebensabschnitt *Beziehung* zur Verfügung steht.

Bereiten Sie sich auf Partnerschaftszauber also vor. Schaffen Sie eine Basis, die Ihnen im Leben Zugewinn bringt.

Die beste Möglichkeit bietet ein Ritualzyklus der Selbstliebe.

Nehmen Sie sich, wenn möglich, ein paar Tage frei. Verreisen Sie ans Meer oder an einen Ort, an dem Sie sich wohl fühlen.

Jeder der folgenden Tage steht unter dem Aspekt, sich selbst Gutes zu tun.

Beginnen Sie den Tag mit einem guten, reichhaltigen Frühstück. Wenn es geht, lassen Sie sich bedienen. Nehmen Sie sich Dinge vor, die Sie seit langem aufgeschoben haben. Ein Friseurbesuch, eine Massage, ein gutes Buch, Spaziergänge, Kino - alles, was Ihnen gefällt und Ihre Seele verwöhnt.
Zelebrieren Sie jeden Abend ein Ritual der Selbstliebe.

Dazu nehmen Sie einen Spiegel, zwei rote Kerzen, eine wohlduftende Räucherung und ein Öl, das Ihre Geruchsorgane erfreut.
Reiben Sie die Kerzen und sich selbst mit dem Öl ein, entzünden Sie die Räucherung und die beiden Kerzen. Setzen Sie sich bequem vor den Spiegel und schauen hinein.
Betrachten Sie Ihr Äußeres und verweilen Sie an den Stellen, die Ihnen besonders gefallen. Sagen Sie sich, daß Sie schön und begehrenswert sind.
Verlieben Sie sich in sich selbst, genießen Sie Ihre eigene Gesellschaft und lieben Sie sich.

Wenn Sie nach diesem Seelenurlaub in Ihren Alltag zurückkehren, werden Sie sich wundern, wie sehr er Ihre Ausstrahlung verändert hat.

Gönnen Sie sich dieses Erlebnis, so oft Sie können und wollen.

Viele Menschen haben das Gefühl, daß sie keine erfüllende Liebesbeziehung verdient haben. Sie kämpfen somit auch nicht für ihr Recht darauf. Sei es, daß die Eltern es so vorgelebt haben, oder im eigenen Bekanntenkreis die Beziehungen auch nur mehr schlecht als recht funktionieren.
Aber es ist ein grober Denkfehler, ein magischer um so mehr, wenn Sie für sich nicht das Allerbeste aus Ihrem Leben herausholen.
Um aber auch zu wissen, was zu Ihnen paßt, was das Schicksal für Sie vorgesehen hat, ist es erforderlich, sich selbst gut einschätzen zu können.

Welcher Typ sind Sie?
Würden Sie sich als Vamp oder eher als perfekte Hausfrau bezeichnen?
Lieben Sie es, zu flirten, oder erwarten Sie, daß ein Mann Ihnen den Hof macht?
Haben Sie aufregende Hobbys oder basteln Sie lieber Weihnachtssterne?
Welche Kleidung bevorzugen Sie? Sind Sie leger oder elegant, sportlich oder flippig?

Ziehen Sie einen rasanten Sportwagen einem Fahrrad vor?

Tausend Fragen, die Sie sich stellen sollten, bevor Sie die Mühe der Zauberei auf sich nehmen und den falschen Partner an Ihre Seite ordern.

Ein Zauber erfüllt sich um so wahrscheinlicher, je realistischer die Ansprüche sind.
Ich habe immer wieder Klienten gehört, die unzufrieden mit dem Ergebnis ihrer Zauberei waren. Wenn man etwas nachbohrte, kam oft heraus, daß sie die Natur vergewaltigen wollten. Es ist so unendlich wichtig, eine korrekte Selbsteinschätzung zu haben, daß ich es nicht oft genug wiederholen kann.

Achten Sie darauf, Ihren Typ zu perfektionieren. Schwanken Sie nicht heute im dunklen geheimnisvollen Outfit und tragen am nächsten Tag ausgebeulte Jeans und T-Shirt. Forcieren Sie Ihre Persönlichkeit, damit es keine Enttäuschungen gibt.
Einem Schauspieler ist es Pflicht, die Rollen zu wechseln, wenn Sie es in der Partnerschaft tun, wird es den Partner überfordern und verunsichern.

Worum es mir geht, ist, Ihnen vor Augen zu führen, wie wichtig es ist, ganz Sie selbst zu sein. Wenn Sie die Verführung lieben und gern mit dem Feuer spielen, lernen Sie alle Tricks. Wenn ein gemütliches Heim Ihr Ziel ist, lernen Sie die besten Kochrezepte. Wichtig ist, das, was man ist, total zu sein.

Grundsätzliche Verhaltensweisen nach einem Liebeszauber

Sie haben einen Liebeszauber gewirkt und müssen jetzt auf dessen Verwirklichung warten. Ein Zauber braucht seine Zeit, um sich vollständig zu realisieren. Es gibt Situationen, wo die Wirkung unmittelbar eintritt, doch das sind die Ausnahmen. Durchschnittlich braucht ein Zauber zwischen zwei und sechs Monaten, bis er erfüllt ist. Ausnahmen, die diese Zeit überschreiten, gibt es natürlich auch.

Das Wichtigste für Sie ist jetzt, nicht die Geduld zu verlieren. Ungeduld ist der Tod jeder Magie, machen Sie sich das bitte immer wieder bewußt.

Vergleichen Sie einen Zauber mit einem eingepflanzten Samenkorn. Wenn Sie jeden Tag die Erde wieder öffnen, um nachzusehen, wie weit es im Wachstum fortgeschritten ist, werden Sie nicht viel Freude daran haben, da es sehr wahrscheinlich eingeht.

Versuchen Sie, den Zauber zu vergessen. Sprechen Sie mit niemandem darüber, was Sie getan haben. Ein Zauber, über den geredet wird, verliert an Kraft. Verhalten Sie sich so normal wie es geht und suchen Sie nicht in allem, was Ihnen in der nächsten Zeit passiert, eine Bestätigung der Magie.

Magie sucht sich immer den einfachsten und nicht immer direktesten Weg, um sich zu manifestieren. Seien Sie also nicht verwundert, wenn sich die Dinge sehr seltsam entwickeln. Bedenken Sie immer, daß ein Zauber auch auf Sie wirkt. Schlafstörungen, unerklärliche Anspannungen und vielleicht Kopfschmerzen sind nur einige der möglichen Begleiterscheinungen.

Wenn Sie einen Zauber gewirkt haben, der eine bestimmte Person zu Ihnen bringen soll, vermeiden Sie es ab sofort, diese Person von sich aus zu kontaktieren. Rufen Sie nicht mehr an und schreiben Sie auch nicht.

Sie können dafür sorgen, daß es zu „zufälligen" Begegnungen kommt, aber auch dann ergreifen Sie nicht als erste das Wort.

Lassen Sie ihr „Opfer" nicht spüren, daß sich Ihr Herz nach ihm verzehrt. Es ist wichtig für die Zukunft, daß der Bezauberte Sie erobert.

Sollte es in der Konstellation eine dritte störende Konkurrenz geben, verfolgen Sie diese nicht mit Ihrem Unmut. Zeigen Sie sich desinteressiert und mit dem Bewußtsein, daß Sie die bessere Partie sind.

Ich weiß, wie schwer es ist, innerlich loszulassen, aber jede zwanghafte Verhaftung an den Zauber kann ihn zum Scheitern bringen.

Küchenmagische Rezepte für die Liebe

Viele kleine Zauber können Sie auch mit den Dingen des Alltags vornehmen.
Bei dieser Form der Magie ist Ihre Phantasie in hohem Maße gefordert.
Natürlich erfordert auch ein Zauber dieser Art die gleiche Konzentration und magische Fähigkeit, aber Sie können ihn einfacher in den Alltag einbauen als ein großes Ritual.

Sie wollen mal wieder guten Sex haben?

Nehmen Sie einen Füllfederhalter. Benennen Sie die Kappe mit Ihrem Namen und den Füller mit dem Seinen. Konzentrieren Sie sich und führen die beiden Gegenstände mit den richtigen Gedanken zusammen.

Sie haben sich mit Ihrem Partner zerstritten und wollen sich vertragen?

Nehmen Sie zwei schnell wachsende Bohnen, pflanzen Sie sie ein und achten Sie darauf, daß sich die Bohnen beim Sprießen umeinander wickeln.

Sie wollen Streit schüren?

Nehmen Sie einige Erbsen, taufen Sie sie auf den Namen Ihrer „Opfer" und schütteln Sie sie mit dem entsprechenden Zauberspruch in einer Schüssel heftig durch.

Sie wollen Ihre Liebe verfestigen?

Gehen Sie in den Wald und suchen Sie zwei schöne Steine. Beschriften Sie sie mit Ihren Namen und vergraben Sie sie an einem geschützten Ort. Am besten am Fuße einer großen Baumwurzel.

Sie wollen, daß Ihre sexuelle Anziehungskraft beim Partner nie nachläßt?

Gehen Sie an den Strand und suchen Sie eine große und eine kleine Muschel. Öffnen Sie die große Muschel vorsichtig und legen die kleine hinein. Nun verschließen Sie die große Muschel wieder. Sprechen Sie einen entsprechenden Zauberspruch und werfen Sie die Muschel entweder so weit es geht ins Meer (am besten von einem Schiff aus); oder vergraben Sie sie im Sand.

Sie wollen dem Partner immer in Erinnerung bleiben?

Gehen Sie in den Wald und suchen Sie kleine Blüten, Wurzeln, Steine und Moos. Am besten wählen Sie Pflanzenteile, deren Verbindung zur Liebe bekannt sind. (Rosen, Eicheln, Liebstöckel, Vergißmeinnicht usw.).
Nehmen Sie ein Stück roten Stoff (keine Seide) und legen Sie die Teile hinein. Geben Sie ein paar gedrehte Haare von sich dazu und vielleicht einen Tropfen Blut. Bevor Sie die Zutaten ablegen, halten Sie jedes Teil einen Augenblick in der Hand und ans Herz. Erfüllen Sie es mit Ihren Wünschen.
Geben Sie ein paar Tropfen Liebesöl über das Ganze und verschließen dann den Stoff in Beutelform mit einem grünen Band.
Diesen Beutel schenken Sie Ihrem Liebsten entweder als Talisman oder verstecken ihn in seiner unmittelbaren Nähe.

Der Zauber der Verführung

Ist der Reiz, die sexuelle Anziehung in der Beziehung etwas eingeschlafen oder gar ganz abhanden gekommen?
Überlegen Sie kritisch, was Sie selbst in letzter Zeit für eine erotische Atmosphäre getan haben.
Machen Sie sich noch immer schick für Ihren Partner, achten Sie auf ein gutes Make-up?
Erinnern Sie sich an die Anfangszeit Ihrer Liebe. Wie haben Sie sich im Vergleich zu heute verhalten?

Leider geht im Laufe einer langfristigen Beziehung, durch die Macht der Gewohnheit, einiges an Leidenschaft verloren. Kehren Sie diese Unsitte um.
Verlieben Sie sich neu in den eigenen Mann.
Vorausgesetzt, Ihr Partner hat noch immer genug Anziehung für Sie, sollte es Ihnen nicht schwerfallen, ihn nach allen Regeln der Kunst zu verführen.

Nehmen Sie sich einen Tag, an dem er außer Haus ist; bringen Sie die Wohnung in Ordnung, stellen Sie frische Blumen auf und tun Sie alles, was Sie täten, wenn Ihr Freund das erste Mal zu Ihnen käme.
Dann nehmen Sie sich Zeit, Ihr Erscheinungsbild auf Vordermann zu bringen.

Vielleicht eine neue Haarfarbe, ein neues Outfit?
Lassen Sie sich Zeit, pflegen Sie Ihre Haut und legen
dann ein perfektes Make-up auf.
Bei der Kleidung zeigen Sie ruhig Experimentierfreu-
de.
Liebt Ihr Partner romantische Dessous oder Strap-
se?
Sie lehnen das eigentlich ab, warum tun Sie ihm
nicht mal den Gefallen?Vielleicht stellen Sie fest, wie
toll man sich als Frau in diesen Sachen fühlt.

Wenn das Äußere stimmt, legen Sie geräucherten
Lachs und Sekt kalt. Wenn es die Jahreszeit zuläßt,
besorgen Sie Erdbeeren. Sie sind das Liebesobst
schlechthin. Wenn es keine Erdbeeren gibt, suchen
Sie etwas Vergleichbares; wichtig ist, daß man sich
gegenseitig damit füttern kann.
Richten Sie das Bad und Bett her.
Stellen Sie so viele Kerzen wie möglich auf. Lassen
Sie einige Rosenräucherstäbchen brennen.
Besorgen Sie sich einen sündhaften Badezusatz,
der die Sinne erregt.
Nachdem Sie mit dem Partner ein Liebesbad genos-
sen und sich gegenseitig gewaschen und mit den
Leckerbissen verwöhnt haben, trocknen sie sich ge-
genseitig ab und verwöhnen sich mit einer eroti-

schen Massage. Auch dazu sollten Sie ein wohlduf-
tendes Massageöl verwenden
Wie Sie den Abend dann ausklingen lassen, bleibt
Ihnen überlassen.

Rollenspiele

Spielen Sie doch öfter mal Rollenspiele.
Sich in fremder Umgebung unter ganz anderen Vorzeichen neu kennenzulernen, kann einen ganz eigenen Reiz haben.
Gehen Sie getrennt in eine Luxusbar und erleben Sie eine berauschende "erste" Nacht.
Versetzen Sie sich in Rollen, die Ihnen sonst gar nicht liegen. Sie werden sich von ganz neuen Seiten kennenlernen, und ich bin überzeugt davon, es wird Ihnen gefallen.
Der Vorteil liegt in der Verhaltensanonymität. Sie können plötzlich Dinge sagen und tun, die Sie sich sonst vielleicht nicht trauen. Die angenommene Rolle schützt Sie.
Ich bin sicher, Sie werden dabei auch ganz neue Seiten an Ihrem Partner kennenlernen.

Themen für ein Rollenspiel können sein:

Die Geliebte des (verheirateten) Mannes
Die Hure und der Freier
Die Geiselnahme
Zwei Reisende in einer fremden Stadt
Chef und Sekretärin, usw.

Ich glaube, Sie haben jetzt eine ganze Menge Stoff, um wieder neuen Wind in Ihre Beziehung zu bringen. Nutzen Sie die Phantasie und die Geheimnisse der Magie und leben Sie die schönste Sache der Welt -

eine erfüllte Liebe!!!

Leah Levine
Licht und Schatten der Magie – Wege für ein magisches Leben
196 S. brosch., ISBN 3-926374-65-9

Licht und Schatten der Magie ist die kritische Auseinandersetzung mit theoretischen und praktischen Formen der Magie. Die Autorin ist seit 19 Jahren praktizierende Magierin und Hexe und hat in dieser Zeit viele Aspekte ihres Genres kennengelernt. Das Buch bietet Wege in die magische Praxis mit vielen Ritualen und Anrufungen.

Barbara Vödisch
Lady Nada: Botschaften der Liebe

196 S., DIN A 5, Softcover, ISBN 3-926374-75-6

Hier ist die Antwort aus der geistigen Welt zu einem Thema, das die Menschheit seit jeher bewegt hat. Nada, Aufgestiegene Meisterin, spricht über das Thema Liebe in all seinen Facetten: Die Liebe zu sich selbst und zu anderen; zu Pflanzen und Tieren; Kontakt mit der geistigen Welt - das sind nur einige Themen dieses Buches, aus dem so viel Liebe strömt, daß einem bei der Lektüre ganz warm und das Herz ganz weit wird.

Mein magisches Tagebuch

128 farb. Seiten, DIN A 5, Softcover
ISBN 3-926374-83-7

Mit einer kurzen Einführung von Leah
Levine

Ihr Logbuch auf der Reise zur magischen Vervollkommnung, in dem jedes
Handeln mit allen nötigen Details ver-
zeichnet wird. Aber auch Ihr Lehrbuch,
das zeigt, mit welchen Übungen Sie sich wann, wie häufig und mit
welchem Ziel beschäftigt haben und ob Ihr Ziel erreicht wurde.
Eine unverzichtbare Hilfe für Ihre magische Arbeit!

Mein Tagebuch der Liebe

128 farb. Seiten, DIN A 5, Softcover, ISBN 3-926374-79-9

Mit einer kurzen Einführung von Gina
Hellmann

Mit fünfzehn haben Sie Ihrem Tage-
buch Ihre erste Liebe anvertraut - Ihre
Sehnsucht, Ihr Herzklopfen und die
Schmetterlinge im Bauch.
Heute ist das alles vorbei? Wie scha-
de! Doch wer hindert Sie daran, beides
zu neuem Leben zu erwecken - das
Tagebuch, aber auch die Liebe?